中华人民共和国
档案法实施条例

中国法制出版社

目　录

中华人民共和国国务院令（第772号）………（1）

中华人民共和国档案法实施条例………………（2）

司法部、国家档案局有关负责人就《中华人民
　共和国档案法实施条例》答记者问…………（22）

中华人民共和国国务院令

第 772 号

《中华人民共和国档案法实施条例》已经 2023 年 12 月 29 日国务院第 22 次常务会议通过，现予公布，自 2024 年 3 月 1 日起施行。

总理　李强

2024 年 1 月 12 日

中华人民共和国档案法实施条例

第一章 总 则

第一条 根据《中华人民共和国档案法》(以下简称《档案法》)的规定,制定本条例。

第二条 《档案法》所称档案,其具体范围由国家档案主管部门或者国家档案主管部门会同国家有关部门确定。

反映地方文化习俗、民族风貌、历史人物、特色品牌等的档案,其具体范围可以由省、自治区、直辖市档案主管部门会同同级有关部门确定。

第三条 档案工作应当坚持和加强党的领导,全面贯彻党的路线方针政策和决策部署,健全党领导档案工作的体制机制,把党的领导贯彻到档案工作各方面和各环节。

第四条 县级以上人民政府应当加强档案工作,建立健全档案机构,提供档案长久安全保管场所和设施，并将档案事业发展经费列入本级预算。

机关、团体、企业事业单位和其他组织应当加强本单位档案工作，履行档案工作主体责任，保障档案工作依法开展。

第五条 国家档案馆馆藏的永久保管档案分一、二、三级管理，分级的具体标准和管理办法由国家档案主管部门制定。

第六条 中央国家机关经国家档案主管部门同意，省、自治区、直辖市有关国家机关经本级档案主管部门同意，可以制定本系统专业档案的具体管理制度和办法。

第七条 县级以上人民政府及其有关部门，应当加强档案宣传教育工作，普及档案知识，传播档案文化，增强全社会档案意识。

第八条 国家加强档案相关专业人才培养，支持高等院校、职业学校设立档案学等相关专业。

第九条 国家鼓励和支持企业事业单位、社会组织和个人等社会力量通过依法兴办实体、资助项目、从事志愿服务以及开展科学研究、技术创新和科技成果推广等形式，参与和支持档案事业的发展。

档案行业组织依照法律、法规、规章及其章程的规定，加强行业自律，推动诚信建设，提供行业服务，开展学术交流和档案相关科普教育，参与政策咨询和标准制定等活动。

档案主管部门应当在职责范围内予以指导。

第十条 有下列情形之一的，由县级以上人民政府、档案主管部门或者本单位按照国家有关规定给予表彰、奖励：

（一）对档案收集、整理、保护、利用做出显著成绩的；

（二）对档案科学研究、技术创新、宣传教育、交流合作做出显著成绩的；

（三）在重大活动、突发事件应对活动相关档案工作中表现突出的；

（四）将重要或者珍贵档案捐献给国家的；

（五）同违反档案法律、法规的行为作斗争，表现突出的；

（六）长期从事档案工作，表现突出的。

第二章 档案机构及其职责

第十一条 国家档案主管部门依照《档案法》第

八条第一款的规定，履行下列职责：

（一）根据有关法律、行政法规和国家有关方针政策，研究、制定部门规章、档案工作具体方针政策和标准；

（二）组织协调全国档案事业的发展，制定国家档案事业发展综合规划和专项计划，并组织实施；

（三）对有关法律、行政法规、部门规章和国家有关方针政策的实施情况进行监督检查，依法查处档案违法行为；

（四）对中央国家机关各部门、中央管理的群团组织、中央企业以及中央和国务院直属事业单位的档案工作，中央级国家档案馆的工作，以及省、自治区、直辖市档案主管部门的工作，实施监督、指导；

（五）组织、指导档案理论与科学技术研究、档案信息化建设、档案宣传教育、档案工作人员培训；

（六）组织、开展档案领域的国际交流与合作。

第十二条　县级以上地方档案主管部门依照《档案法》第八条第二款的规定，履行下列职责：

（一）贯彻执行有关法律、法规、规章和国家有关方针政策；

（二）制定本行政区域档案事业发展规划和档案

工作制度规范，并组织实施；

（三）监督、指导本行政区域档案工作，对有关法律、法规、规章和国家有关方针政策的实施情况进行监督检查，依法查处档案违法行为；

（四）组织、指导本行政区域档案理论与科学技术研究、档案信息化建设、档案宣传教育、档案工作人员培训。

第十三条　乡镇人民政府依照《档案法》第八条第三款的规定，履行下列职责：

（一）贯彻执行有关法律、法规、规章和国家有关方针政策，建立健全档案工作制度规范；

（二）指定人员管理本机关档案，并按照规定向有关档案馆移交档案；

（三）监督、指导所属单位以及基层群众性自治组织等的档案工作。

第十四条　机关、团体、企业事业单位和其他组织应当确定档案机构或者档案工作人员，依照《档案法》第九条第一款的规定，履行下列职责：

（一）贯彻执行有关法律、法规、规章和国家有关方针政策，建立健全本单位档案工作制度规范；

（二）指导本单位相关材料的形成、积累、整理和归档，统一管理本单位的档案，并按照规定向有关档案馆移交档案；

（三）监督、指导所属单位的档案工作。

第十五条　各级各类档案馆的设置和管理应当符合国家有关规定。

第十六条　国家档案馆应当配备与其职责和规模相适应的专业人员，依照《档案法》第十条的规定，履行下列职责：

（一）收集本馆分管范围内的档案；

（二）按照规定整理、保管档案；

（三）依法向社会开放档案，并采取各种形式研究、开发档案资源，为各方面利用档案资源提供服务；

（四）开展宣传教育，发挥爱国主义教育和历史文化教育功能。

按照国家有关规定设置的其他各类档案馆，参照前款规定依法履行相应职责。

第十七条　档案主管部门、档案馆和机关、团体、企业事业单位以及其他组织应当为档案工作人员的教育培训、职称评审、岗位聘用等创造条件，不断提高档案工作人员的专业知识水平和业务能力。

第三章 档案的管理

第十八条 按照国家规定应当形成档案的机关、团体、企业事业单位和其他组织,应当建立档案工作责任制,确定档案工作组织结构、职责分工,落实档案工作领导责任、管理责任、执行责任,健全单位主要负责人承担档案完整与安全第一责任人职责相关制度,明确档案管理、档案基础设施建设、档案信息化等工作要求。

第十九条 依照《档案法》第十三条以及国家有关规定应当归档的材料,由机关、团体、企业事业单位和其他组织的各内设机构收集齐全,规范整理,定期交本单位档案机构或者档案工作人员集中管理,任何内设机构和个人不得拒绝归档或者据为己有。

机关、群团组织、国有企业事业单位应当明确本单位的归档范围和档案保管期限,经同级档案主管部门审核同意后施行。单位内设机构或者工作职能发生重大变化时,应当及时调整归档范围和档案保管期限,经重新审核同意后施行。

机关、群团组织、国有企业事业单位负责所属单位的归档范围和档案保管期限的审核。

第二十条 机关、团体、企业事业单位和其他组织，应当按照国家档案主管部门关于档案移交的规定，定期向有关的国家档案馆移交档案。

属于中央级和省级、设区的市级国家档案馆接收范围的档案，移交单位应当自档案形成之日起满二十年即向有关的国家档案馆移交。属于县级国家档案馆接收范围的档案，移交单位应当自档案形成之日起满十年即向有关的县级国家档案馆移交。

经同级档案主管部门检查和同意，专业性较强或者需要保密的档案，可以延长向有关的国家档案馆移交的期限。已撤销单位的档案可以提前向有关的国家档案馆移交。

由于单位保管条件不符合要求或者存在其他原因可能导致不安全或者严重损毁的档案，经协商可以提前交有关档案馆保管。

第二十一条 档案馆可以按照国家有关规定，通过接受捐献、购买、代存、交换等方式收集档案。

档案馆通过前款规定方式收集档案时，应当考虑档案的珍稀程度、内容的重要性等，并以书面协议形式约定相关方的权利和义务，明确相关档案利用条件。

国家鼓励单位和个人将属于其所有的对国家和社会具有重要保存价值的档案捐献给国家档案馆。国家档案馆应当维护捐献者的合法权益。

第二十二条　档案馆应当对所保管的档案采取下列管理措施：

（一）建立健全科学的管理制度和查阅利用规范，制定有针对性的安全风险管控措施和应急预案；

（二）配置适宜安全保存档案、符合国家有关规定的专门库房，配备防火、防盗、防水、防光、防尘、防有害气体、防有害生物以及温湿度调控等必要的设施设备；

（三）根据档案的不同等级，采取有效措施，加以保护和管理；

（四）根据需要和可能，配备适应档案现代化管理需要的设施设备；

（五）编制档案目录等便于档案查找和利用的检索工具。

机关、团体、企业事业单位和其他组织的档案保管，参照前款规定办理。

第二十三条　县级以上人民政府应当采取措施，保障国家档案馆依法接收档案所需的库房及设施设备。

任何单位和个人不得侵占、挪用国家档案馆的馆舍，不得擅自改变国家档案馆馆舍的功能和用途。

国家档案馆馆舍的建设，应当符合实用、安全、科学、美观、环保、节约的要求和国家有关工程建设标准，并配置无障碍设施设备。

第二十四条　机关、团体、企业事业单位和其他组织应当定期对本单位保管的保管期限届满的档案进行鉴定，形成鉴定工作报告。

经鉴定仍需继续保存的档案，应当重新划定保管期限并作出标注。经鉴定需要销毁的档案，其销毁工作应当遵守国家有关规定。

第二十五条　县级以上档案主管部门可以依托国家档案馆，对下列属于国家所有的档案中具有永久保存价值的档案分类别汇集有关目录数据：

（一）机关、群团组织、国有企业事业单位形成的档案；

（二）第一项所列单位之外的其他单位，经法律法规授权或者受国家机关依法委托管理公共事务形成的档案；

（三）第一项所列单位之外的其他单位或者个人，由国家资金支持，从事或者参与建设工程、科学研究、

11

技术创新等活动形成的且按照协议约定属于国家所有的档案；

（四）国家档案馆保管的前三项以外的其他档案。

涉及国防、外交、国家安全、公共安全等的档案的目录数据，其汇集范围由有关档案主管部门会同档案形成单位研究确定。

第二十六条　档案馆和机关、团体、企业事业单位以及其他组织为了收集、交换散失在国外的档案、进行国际文化交流，以及适应经济建设、科学研究和科技成果推广等的需要，经国家档案主管部门或者省、自治区、直辖市档案主管部门依据职权审查批准，可以向国内外的单位或者个人赠送、交换、出售属于国家所有的档案的复制件。

第二十七条　一级档案严禁出境。二级档案需要出境的，应当经国家档案主管部门审查批准。

除前款规定之外，属于《档案法》第二十五条规定的档案或者复制件确需出境的，有关档案馆、机关、团体、企业事业单位和其他组织以及个人应当按照管理权限，报国家档案主管部门或者省、自治区、直辖市档案主管部门审查批准，海关凭批准文件查验放行。

档案或者复制件出境涉及数据出境的，还应当符合国家关于数据出境的规定。

相关单位和个人应当在档案或者复制件出境时主动向海关申报核验，并按照出境申请审查批准意见，妥善保管、处置出境的档案或者复制件。

第二十八条　档案馆和机关、团体、企业事业单位以及其他组织依照《档案法》第二十四条的规定委托档案服务时，应当确定受委托的档案服务企业符合下列条件：

（一）具有企业法人资格和相应的经营范围；

（二）具有与从事档案整理、寄存、开发利用、数字化等相关服务相适应的场所、设施设备、专业人员和专业能力；

（三）具有保证档案安全的管理体系和保障措施。

委托方应当对受托方的服务进行全程指导和监督，确保档案安全和服务质量。

第四章　档案的利用和公布

第二十九条　国家档案馆应当依照《档案法》的有关规定，分期分批向社会开放档案，并同时公布开放档案的目录。

第三十条　国家档案馆应当建立馆藏档案开放审核协同机制，会同档案形成单位或者移交单位进行档案开放审核。档案形成单位或者移交单位撤销、合并、职权变更的，由有关的国家档案馆会同继续行使其职权的单位共同负责；无继续行使其职权的单位的，由有关的国家档案馆负责。

尚未移交进馆档案的开放审核，由档案形成单位或者保管单位负责，并在移交进馆时附具到期开放意见、政府信息公开情况、密级变更情况等。

县级以上档案主管部门应当加强对档案开放审核工作的统筹协调。

第三十一条　对于《档案法》第二十七条规定的到期不宜开放的档案，经国家档案馆报同级档案主管部门同意，可以延期向社会开放。

第三十二条　档案馆提供社会利用的档案，应当逐步实现以复制件代替原件。数字、缩微以及其他复制形式的档案复制件，载有档案保管单位签章标识的，具有与档案原件同等的效力。

第三十三条　档案馆可以通过阅览、复制和摘录等形式，依法提供利用档案。

国家档案馆应当明确档案利用的条件、范围、程序等，在档案利用接待场所和官方网站公布相关信息，创新档案利用服务形式，推进档案查询利用服务线上线下融合。

第三十四条　机关、团体、企业事业单位和其他组织以及公民利用国家档案馆保管的未开放的档案，应当经保管该档案的国家档案馆同意，必要时，国家档案馆应当征得档案形成单位或者移交单位同意。

机关、团体、企业事业单位和其他组织的档案机构保管的尚未向国家档案馆移交的档案，其他机关、团体、企业事业单位以及公民需要利用的，应当经档案形成单位或者保管单位同意。

第三十五条　《档案法》第三十二条所称档案的公布，是指通过下列形式首次向社会公开档案的全部或者部分原文：

（一）通过报纸、期刊、图书、音像制品、电子出版物等公开出版；

（二）通过电台、电视台、计算机信息网络等公开传播；

（三）在公开场合宣读、播放；

（四）公开出售、散发或者张贴档案复制件；

（五）在展览、展示中公开陈列。

第三十六条 公布属于国家所有的档案，按照下列规定办理：

（一）保存在档案馆的，由档案馆公布；必要时，应当征得档案形成单位或者移交单位同意后公布，或者报经档案形成单位或者移交单位的上级主管部门同意后公布；

（二）保存在各单位档案机构的，由各单位公布；必要时，应当报经其上级主管部门同意后公布；

（三）利用属于国家所有的档案的单位和个人，未经档案馆或者有关单位同意，均无权公布档案。

档案馆对寄存档案的公布，应当按照约定办理；没有约定的，应当征得档案所有者的同意。

第三十七条 国家档案馆应当根据工作需要和社会需求，开展馆藏档案的开发利用和公布，促进档案文献出版物、档案文化创意产品等的提供和传播。

国家鼓励和支持其他各类档案馆向社会开放和公布馆藏档案，促进档案资源的社会共享。

第五章 档案信息化建设

第三十八条 机关、团体、企业事业单位和其他组织应当加强档案信息化建设，积极推进电子档案管理信息系统建设。

机关、群团组织、国有企业事业单位应当将档案信息化建设纳入本单位信息化建设规划，加强办公自动化系统、业务系统归档功能建设，并与电子档案管理信息系统相互衔接，实现对电子档案的全过程管理。

电子档案管理信息系统应当按照国家有关规定建设，并符合国家关于网络安全、数据安全以及保密等的规定。

第三十九条　机关、团体、企业事业单位和其他组织应当采取管理措施和技术手段保证电子档案来源可靠、程序规范、要素合规，符合以下条件：

（一）形成者、形成活动、形成时间可确认，形成、办理、整理、归档、保管、移交等系统安全可靠；

（二）全过程管理符合有关规定，并准确记录、可追溯；

（三）内容、结构、背景信息和管理过程信息等构成要素符合规范要求。

第四十条　机关、团体、企业事业单位和其他组织应当按照国家档案主管部门有关规定，定期向有关档案馆移交电子档案。电子档案移交接收网络以及系统环境应当符合国家关于网络安全、数据安全以及保密等的规定。不具备在线移交条件的，应当通过符合安全管理要求的存储介质向档案馆移交电子档案。

档案馆应当在接收电子档案时进行真实性、完整性、可用性和安全性等方面的检测，并采取管理措施和技术手段保证电子档案在长期保存过程中的真实性、完整性、可用性和安全性。

国家档案馆可以为未到本条例第二十条第二款所规定的移交进馆期限的电子档案提供保管服务，涉及政府信息公开事项的，依照《档案法》第十五条第二款的规定办理。

第四十一条 档案馆对重要电子档案进行异地备份保管，应当采用磁介质、光介质、缩微胶片等符合安全管理要求的存储介质，定期检测载体的完好程度和数据的可读性。异地备份选址应当满足安全保密等要求。

档案馆可以根据需要建设灾难备份系统，实现重要电子档案及其管理系统的备份与灾难恢复。

第四十二条 档案馆和机关、团体、企业事业单位以及其他组织开展传统载体档案数字化工作，应当符合国家档案主管部门有关规定，保证档案数字化成果的质量和安全。

国家鼓励有条件的单位开展文字、语音、图像识别工作，加强档案资源深度挖掘和开发利用。

第四十三条　档案馆应当积极创造条件，按照国家有关规定建设、运行维护数字档案馆，为不同网络环境中的档案数字资源的收集、长期安全保存和有效利用提供保障。

国家鼓励有条件的机关、团体、企业事业单位和其他组织开展数字档案室建设，提升本单位的档案信息化水平。

第四十四条　国家档案主管部门应当制定数据共享标准，提升档案信息共享服务水平，促进全国档案数字资源跨区域、跨层级、跨部门共享利用工作。

县级以上地方档案主管部门应当推进本行政区域档案数字资源共享利用工作。

第六章　监督检查

第四十五条　国家档案馆和机关、群团组织、国有企业事业单位应当定期向同级档案主管部门报送本单位档案工作情况。

第四十六条　档案主管部门对处理投诉、举报和监督检查中发现的或者有关部门移送的涉嫌档案违法的线索和案件，应当及时依法组织调查。

经调查，发现有档案违法行为的，档案主管部门应当依法予以处理。需要追究有关责任人责任的，档案主管部门可以依法向其所在单位或者任免机关、单位提出处理建议。有关机关、单位应当及时将处理结果书面告知提出处理建议的档案主管部门。

第四十七条　县级以上档案主管部门应当加强档案行政执法队伍建设和对档案行政执法人员的教育培训。从事档案行政执法工作的人员，应当通过考试，取得行政执法证件。

第七章　法律责任

第四十八条　国家档案馆违反国家规定擅自扩大或者缩小档案接收范围的，或者不按照国家规定开放、提供利用档案的，由县级以上档案主管部门责令限期改正；情节严重的，由有关机关对负有责任的领导人员和直接责任人员依法给予处分。

第四十九条　单位或者个人将应当归档的材料据为己有，拒绝交档案机构、档案工作人员归档的，或者不按照国家规定向国家档案馆移交档案的,由县级以上档案主管部门责令限期改正;拒不改正的,由有关机关对负有责任的领导人员和直接责任人员依法给予处分。

第五十条 单位或者个人侵占、挪用国家档案馆的馆舍的,由县级以上档案主管部门责令限期改正;情节严重的,由有关机关对负有责任的领导人员和直接责任人员依法给予处分;构成犯罪的,依法追究刑事责任;造成财产损失或者其他损害的,依法承担民事责任。

第五十一条 档案服务企业在提供服务过程中明知存在档案安全隐患而不采取措施的,档案主管部门可以采取约谈、责令限期改正等措施。

档案服务企业因违反《档案法》和本条例规定受到行政处罚的,行政处罚信息依照有关法律、行政法规的规定予以公示。

第八章 附 则

第五十二条 本条例自2024年3月1日起施行。《中华人民共和国档案法实施办法》同时废止。

司法部、国家档案局有关负责人就《中华人民共和国档案法实施条例》答记者问

2024年1月12日，国务院总理李强签署第772号国务院令，公布《中华人民共和国档案法实施条例》（以下简称《实施条例》），自2024年3月1日起施行。日前，司法部、国家档案局有关负责人就《实施条例》的有关问题回答了记者提问。

问： 请简要介绍一下《实施条例》的出台背景。

答： 档案是历史的真实记录，档案工作是维护党和国家历史真实面貌、保障人民群众根本利益的重要事业。党中央、国务院高度重视档案工作。习近平总书记指出，档案工作存史资政育人，是一项利国利民、惠及千秋万代的崇高事业，要加强党对档案工作的领导，贯彻实施好新修订的档案法，推动档案事业创新发展。《中华人民共和国档案法实施办法》（以下简称《实施

办法》）对贯彻实施档案法，促进档案事业健康发展发挥了重要作用。2021年1月，新修订的档案法施行，对档案事业发展作出新的制度安排，档案工作实践的新发展也对完善档案法配套行政法规提出了新要求。此次修改《实施办法》，并更名为《实施条例》，旨在贯彻落实新修订的档案法各项规定，科学精准保障档案法有效实施，为档案事业创新发展提供有力的法治保障。

2023年12月29日，国务院常务会议审议通过《实施条例》，将于2024年3月1日起实施。《实施条例》的出台，在提升档案工作科学化规范化水平，促进档案事业高质量发展、服务经济社会发展等方面将发挥积极作用。

问：制定《实施条例》的总体思路是什么？

答：总体思路主要有以下几点：一是坚持和加强党的领导，深入贯彻落实习近平总书记关于档案工作的重要指示批示精神和党中央、国务院决策部署，并将其转化为法规制度。二是坚持问题导向，着力解决档案工作实践中的短板弱项，推动档案法各项规定落实落地。三是坚持守正创新，吸收和借鉴档案工作最新成果，及时将成熟的经验做法上升为制度规定，增强制度的可操作性和有效性。四是坚持系统观念，在总体框架结构和内容上做到与新修订档案法有效衔接，并处理好《实施条例》与相关法律法规的关系。

问：在完善档案工作机制方面，《实施条例》主要作了哪些制度规定？

答：《实施条例》明确，一是深入贯彻落实习近平总书记关于加强党对档案工作领导的重要指示精神，进一步明确档案工作要坚持和加强党的领导，全面贯彻党的路线方针政策和决策部署，健全党领导档案工作的体制机制，把党的领导贯彻到档案工作各方面和各环节。二是强化县级以上人民政府职责，规定县级以上人民政府应当建立健全档案机构，提供档案长久安全保管场所和设施，并采取措施保障国家档案馆依法接收档案所需的库房及设施设备。三是完善各级各类档案机构的职责规定，新增乡镇人民政府档案工作职责规定。四是明确机关、团体、企业事业单位和其他组织要履行档案工作主体责任，细化建立档案工作责任制的相关规定，落实档案工作领导责任、管理责任、执行责任。

问：在规范档案收集管理方面，《实施条例》主要提出了哪些要求？

答：为从源头上确保档案的齐全完整，提高档案工作质量，《实施条例》规定，一是明确归档责任，规定应当归档的材料，由单位的各内设机构收集齐全、定期归档，任何机构或者个人不得拒绝归档或者据为己有。规定机关、群团组织、国有企业事业单位应当明确本单位的归档范围和档案保管期限，经同级档案主管部门审核同意后施行。二是明确移交责任，规定档案移交国家档案馆的义务、期限，完善有关提前移交、延期移交等具体规定，细化电子档案移交有关要求。三是要求档案馆通过接受捐献、购买、代存、交换等方式收集档案应当遵守国家有关规定，考虑档案的珍稀程度、内容的重要性等，规范相关工作，明确相关方权利义务和档案利用条件。

问：《实施条例》在健全档案保管制度方面是如何规定的？

答：档案安全是档案工作的红线，事关国家安全。为切实维护档案安全，《实施条例》在健全档案保管制度方面作了相关规定，一是细化档案馆档案保管措施、完善国家档案馆馆舍建设和使用有关规定。二是规定县级以上档案主管部门可以依托国家档案馆，对属于国家所有的档案中具有永久保存价值的档案分类别汇集有关目录数据。三是对档案服务外包作出相关规定，明确档案服务企业应当符合的条件。

问：在推进档案开放利用方面，《实施条例》主要作了哪些制度规定？

答：为落实档案法有关规定，进一步提高档案开放利用水平，更好服务人民群众，《实施条例》规定，一是国家档案馆应当建立馆藏档案开放审核协同机制，并要求县级以上档案主管部门加强统筹协调，明确对尚未移交进馆档案的开放审核要求。二是明确申请延期开放的程序，并根据地方档案主管部门机构改革后的新情况调整延期开放的审核主体。三是规定国家档案馆应当创新档案利用服务形式，推进档案查询利用服务线上线下融合。四是要求国家档案馆开展馆藏档案的开发利用和公布，促进档案文献出版物、档案文化创意产品等的提供和传播，促进档案资源的社会共享。

问：《实施条例》关于档案信息化建设重点强调了哪些内容？

答：档案信息化是国家信息化工作的重要组成部分，是档案管理现代化的重要内容。新修订的档案法新增专章规范档案信息化建设，《实施条例》在其基础上作进一步细化，一是明确电子档案管理信息系统建设要求以及电子档案应当符合的条件，规范电子档案移交、接收及保管相关措施。二是对重要电子档案异地备份保管、灾难备份系统建设、传统载体档案数字化和数字档案馆（室）建设工作等提出具体要求。三是规定国家档案主管部门应当促进全国档案数字资源共享利用，县级以上地方档案主管部门应当推进本行政区域有关共享利用。

问：《实施条例》在加强监督检查方面提出了哪些相关措施？

答： 档案监督检查是档案主管部门进行监督管理的主要手段，目的是贯彻落实党和国家档案工作方针政策，敦促有关主体认真履行法定义务。为此，《实施条例》明确要求，一是建立档案工作定期报告制度，加强对国家档案馆和机关、群团组织、国有企业事业单位的监督和指导。二是完善涉嫌档案违法调查处理相关规定，明确需要追究有关责任人责任的，档案主管部门可以依法向其所在单位或者任免机关、单位提出处理建议。三是加强档案行政执法队伍建设和对档案行政执法人员的教育培训，规定从事档案行政执法工作的人员应当通过考试取得行政执法证件。

中华人民共和国档案法实施条例
ZHONGHUA RENMIN GONGHEGUO DANG'ANFA SHISHI TIAOLI

经销/新华书店
印刷/保定市中画美凯印刷有限公司
开本/850 毫米×1168 毫米　32 开　　　印张/1　字数/12 千
版次/2024 年 1 月第 1 版　　　　　　　2024 年 1 月第 1 次印刷

中国法制出版社出版
书号 ISBN 978-7-5216-4202-5　　　　　　定价：5.00 元

北京市西城区西便门西里甲 16 号西便门办公区
邮政编码：100053　　　　　　　　　传真：010-63141600
网址：http://www.zgfzs.com　　　　编辑部电话：010-63141673
市场营销部电话：010-63141612　　　印务部电话：010-63141606

(如有印装质量问题，请与本社印务部联系。)